글 정유리 | 그림 윤정임

• 차 례 •

쌍둥이 남매, 하루와 마루 • 6

도형은 어려워! • 12

꼭 이기고 말 거야! • 22

나만 어려운 게 아니었어! • 28

알고 보니 별것 아니네! • 38

삼각형, 사각형? 뭐가 맞지? • 48

쌍둥이 남매, 하루와 마루

"하루, 마루! 오늘 서점에 가기로 한 거 잊지 않았지?"

일요일 아침, 늦잠에 빠져있던 하루는 거실에서 들려오는 엄마의 목소리에 번쩍 눈을 떴어요. 사고 싶었던 그림책을 엄마와 함께 사러 가기로 한 날이었거든요.

후다닥 이불을 박차고 방문을 연 하루는 거실에 먼저 나와 있던 마루와 눈이 마주쳤어요. 마루는 하루에게 질 새라 재빨리 화장실로 달려가 파란색 칫솔을 잡았어요. 하루 역시 질 수 없다는 듯 분홍색 칫솔을 입안에 넣었지요.

거울 앞에 나란히 선 하루와 마루는 보글보글 치약 거품을 일으키며 칫솔질 경쟁을 시작했어요.

'내가 먼저 준비할 거야!'

'아니, 내가 이길걸?'

하루는 거울을 통해 자신과 똑 닮은 마루의 얼굴을 바라봤어요. 사실 마루는 자신과 한날한시에 태어난 이란성 쌍둥이였거든요. 마루가 하루보다 5분 먼저, 하루가 마루보다 5분 늦게 태어났지요.

쌍꺼풀 없는 눈, 작은 코, 큰 입까지 마루의 얼굴은 하루와 매우 비슷했어요. 하지만 하루는 자신과 얼굴이 똑 닮은 마루와 매일같이 사소한 일로 다투곤 했어요.

엄마의 단호한 눈빛에 하루와 마루는 할아버지에게 조심스럽게 다가갔어요. 그리고 실수로 책을 던졌다며 고개를 숙여 사과했지요. 하루와 마루는 슬며시 할아버지의 화가 다 풀리셨나 표정을 살폈어요.

할아버지가 멀어지자 하루와 마루는 다시 다투기 시작했어요.
"너 때문에 괜히 나만 혼났잖아!"
"누가 할 소리를 하는 거야!"
화가 난 마루는 하루를 향해 크게 외쳤어요.
"이하루! 너 왜 오빠라고 안 불러!"
하루는 왜 또 그 소리가 안 나오나 싶었다는 듯 고개를 저었어요.
"내가 5분 먼저 태어났으니까 오빠라고 부르라고!"
"싫어! 겨우 5분 차이인데 내가 왜 오빠라고 불러야 해?"
하루는 마루가 화난 것을 알고도 입을 꾹 닫고 열지 않았어요. 물론 오빠라고 부르는 일이 어려운 것은 아니었어요. 하지만 하루는 불리할 때만 '오빠'라고 부르라는 마루가 얄미웠어요. 마루는 절대로 자신을 오빠라고 부르지 않는 하루에게 점점 화가 치솟았고요.

도형은 어려워!

하루와 마루의 다툼은 학교에서도 이어졌어요. 국어, 통합 시간 할 것 없이 하루와 마루는 서로 먼저 발표를 하겠다고 손을 번쩍 들며 경쟁을 벌였어요.

"저요! 저요!"

하루가 손을 들면 마루가 따라 들고, 마루가 손을 들면 하루가 따라 드는 식이었지요.

"선생님! 제가 마루보다 먼저 손들었다니까요!"

"아니에요! 제가 더 먼저 들었어요!"

하루는 자꾸만 자신을 이기려고 하는 마루에게 화가 나 크게 소리쳤어요.

"왜 자꾸 나를 따라 해!"

마루 역시 하루에게 짜증이 나기는 마찬가지였지요.

"따라 하긴 누가 따라 했다고 그래!"

하루와 마루의 목소리가 점점 더 높아지자 선생님까지 나서 말리기 시작했어요. 하지만 하루와 마루의 경쟁은 그 이후로도 계속 식을 줄 몰랐지요. 쌍둥이 남매의 불꽃 튀는 경쟁에 같은 반 친구들은 고개를 절레절레 흔들었어요.

"정말 못 말리는 쌍둥이라니까!"

선생님이 친구들의 얼굴을 찬찬히 둘러봤지만 아무도 손을 드는 사람은 없었어요. 발표를 잘하던 하루와 마루까지도 평소와 달리 고개를 푹 숙이고 있었어요. 그리고 초조하게 선생님의 눈치를 살폈지요.

'으악! 설마 날 시키는 건 아니겠지?'

'지금 잘못 대답하면 두고두고 놀림을 받을 텐데!'

이때, 하루와 마루 사이에서 경수가 손을 번쩍 들었어요.

"에헴, 선생님! 반직선은 반쪽만 직선 아닌가요?"

"네, 경수가 잘 대답했어요."

선생님은 점 ㄱ의 바깥쪽으로 선을 쭉쭉 그으며 말했어요.

"반직선은 반만 직선! 그러니까 한쪽만 쭉쭉쭉 끝없이 늘인 선을 말해요. 직선과 반직선 역시 선분처럼 '곧게' 이은 선이에요!"

선생님의 설명이 다시 이어지자 하루와 마루는 슬며시 고개를 들었어요. 그리고 동시에 가슴을 쓸어내리며 안도의 한숨을 내쉬었지요.

궁금해? 궁금해!

1. 선분은 점과 점 사이를 곧게 이은 선

2. 직선은 양쪽으로 끝없이 늘인 곧은 선

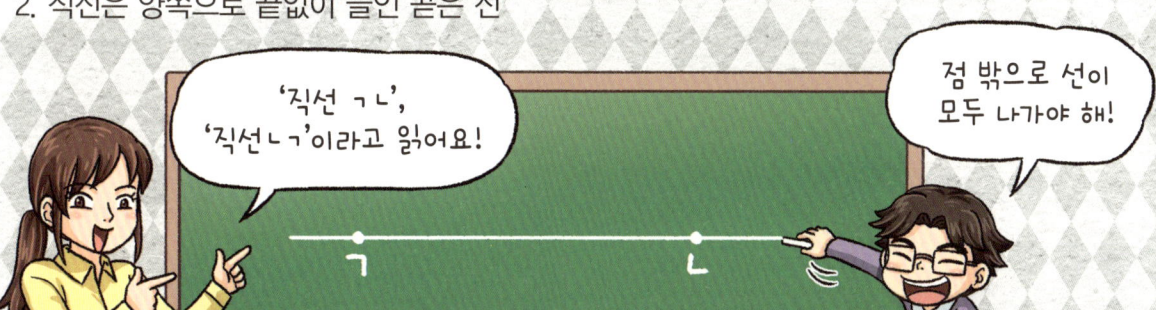

3. 반직선은 한 점에서 한쪽으로 끝없이 늘인 곧은 선

"내일은 오늘 배운 내용으로 쪽지시험을 볼 거예요! 모두 열심히 공부해 오세요!"

선생님의 말에 교실 안 친구들은 모두 힘차게 대답했어요.

"네!"

하루는 알림장에 '수학 쪽지시험 준비'라는 글씨를 또박또박 썼어요.

"다 썼다!"

하루가 두 팔을 쭉 펼치며 기지개를 켜자 어느새 다가온 마루가 흘깃 하루의 알림장을 훔쳐봤어요. 하루는 부끄러운 듯 알림장을 감췄어요.

"뭘 감추고 그래! 어차피 다 아는 내용인데!"

"그러는 넌 뭘 엿보려고 그래! 어차피 다 아는 내용인데!"

하루의 대답에 민망해진 마루는 괜히 큰소리를 질렀어요.

"너 때문에 집에 가는 시간이 늦어졌잖아! 빨리 준비하라고!"

마루는 하루에게 퉁명스럽게 말했지만, 하루가 가방을 다 쌀 때까지 기다려 줬어요.

집에 돌아가는 길, 마루는 앞에서 걸어가는 하루의 뒷모습을 물끄러미 바라보다 문득 수학 시간이 떠올랐어요.

'나야 수학에 자신이 없으니까 그렇다 치고, 하루는 도대체 왜 손을 안 들었지?'

눈을 감고 고민하던 마루는 뭔가 알아챈 듯 눈을 번쩍 떴어요.

'앗, 혹시! 설마 하루도 나랑 같은 이유였던 거 아니야?'

꼭 이기고 말 거야!

　우당탕! 집에 도착한 하루와 마루는 요란스럽게 신발을 벗었어요. 현관에서 들려오는 소리에 엄마가 부엌 밖으로 고개를 내밀었지요.

　"하루, 마루! 잘 다녀왔니?"

　그런데 하루와 마루는 엄마의 말에 대답도 하지 않고 각자의 방으로 재빠르게 사라졌어요.

　"뭐가 저리 바쁜지! 혹시 학교에서 또 싸웠나?"

　방으로 들어온 마루는 서둘러 책상에 앉아 수학책을 꺼내 펼쳤어요.

　"꼭 이겨서 하루 코를 납작하게 만들어 줘야지! 그런데 선분이 뭐였더라?"

"에라, 모르겠다!"

마루는 침대 위에 발라당 드러누웠어요. 그리고 한참이나 발가락을 꼼지락거리며 천장만 물끄러미 바라봤지요.

"시험 전날이면 벽지 무늬를 보는 것도 재미있다니까!"

그러다 마루는 문득 하루에게 큰소리를 친 것이 뒤늦게 후회됐어요.

"괜히 큰소리를 쳤나? 어떡하지? 난 세상에서 수학이 제일 자신 없는데….

마루는 시험에서 이긴 하루가 자신을 비웃는 모습을 상상했어요. 마루의 상상 속, 하루는 '이제 내가 누나야!' 하고 마루를 향해 크게 웃었어요. 마루는 고개를 절레절레 흔들며 괴로워했지요.

"으으으! 안 돼! 하루한테 누나라고 부를 수는 없어! 어디 하루는 잘하고 있는지 볼까!"

뒤꿈치를 든 마루는 살금살금 하루의 방으로 향했어요.

 마루는 조심스럽게 하루의 방문을 열었어요. 그리고 살짝 열린 방문 틈으로 숨소리도 내지 않고 하루의 모습을 몰래 살폈지요.
 책상에 앉은 하루는 얼마나 열중했는지 마루가 몰래 자신을 쳐다보고 있다는 사실도 눈치채지 못했어요.
 "이런! 하루는 엄청 집중하잖아. 이러다 정말 내가 지는 거 아니야?"
 갑자기 덜컥 걱정이 밀려온 마루는 다시 조용히 방문을 닫고 살금살금 자신의 방으로 돌아갔어요.

하지만 사실 하루도 책상에만 앉아 있었을 뿐 마루처럼 집중을 못 하기는 마찬가지였어요.

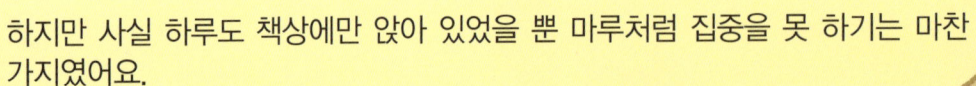

방으로 돌아온 마루는 다시 연필을 붙잡고 책상에 앉았어요.
"하루도 저렇게 열심히 하는데 내가 질 수는 없지!"
마루는 수학책을 펼치고 다시 공부에 집중했어요.

나만 어려운 게 아니었어!

마침내 찾아온 수학 쪽지시험 시간! 책상에 앉아있던 마루는 흘낏 하루 쪽을 살펴봤어요. 하루 역시 시험을 앞두고 긴장이 되었는지 초조하게 연필을 돌리고 있었어요.

"이하루, 너무 긴장하지 마. 쪽지시험일뿐이잖아!"

마루가 하루를 향해 여유롭게 웃자 하루도 질 수 없다는 듯 마루를 향해 말했어요.

"누나라고 부를 준비나 하지!"

하루는 혀를 쭉 내밀고 마루를 약올렸어요.

"뭐라고? 이하루, 너 진짜!"

화가 난 마루가 하루를 향해 다가가려는 순간, 선생님이 교실 앞문으로 들어오셨어요. 마루는 하는 수 없이 제자리로 돌아와 앉았지요.

"자! 모두 시험을 볼 준비는 다 되었겠죠?"

선생님의 말에 교실 안 가득 긴장감이 맴돌았어요. 하루와 마루도 마른 침을 꿀꺽 삼키고 연필을 잡은 손에 힘을 꽉 주었어요.

"자! 그럼 앞에서부터 차례대로 시험지를 받으세요!"

시험지를 모두 나눠 가지자 교실 안에는 어느새 쓱싹쓱싹 문제를 푸는 소리만 들렸어요. 선생님은 친구들 사이를 돌아다니며 친구들이 얼마나 열심히 문제를 풀고 있나 지켜봤어요.

하루, 마루와 함께 문제를 풀어요

1. 다음 중 <u>선분</u>을 고르시오.

①

②

③

2. 다음 중 반직선을 <u>모두</u> 고르시오.

① 　　②

③ 　　④

3. 괄호 안에 알맞은 말을 쓰시오.

　　그림과 같이 양쪽으로 끝없이 늘인 곧은 선을 (　　　)이라고 한다.

"끝났다!"

시험이 끝나자 친구들은 두 팔을 번쩍 들고 기지개를 켰어요. 하지만 하루는 시험이 끝났다는 후련함보다 결과에 대한 걱정이 더 컸지요.

"시험이 끝나기만 하면 홀가분할 줄 알았는데…."

마루 역시 어제 공부를 대충한 것을 뒤늦게 후회하고 있었어요.

"어제 조금만 더 꼼꼼히 공부할걸."

그런데 이때, 어깨를 축 늘어뜨리고 있던 하루와 마루의 옆에서 콧노래 소리가 들려왔어요. 경수는 뭔가 그리 기분이 좋은지 연신 콧노래를 흥얼거리며 책상 위에 쌓인 지우개 가루를 청소하고 있었어요.

'경수는 시험을 잘 봤나?'

하루와 마루는 경수를 보고 고개를 갸웃거렸어요.

종례 시간, 선생님은 친구들을 향해 싱긋 웃었어요.

"채점이 모두 끝났어요! 이름을 부르는 사람은 시험지를 찾아가세요!"

하루와 마루는 두근거리는 가슴을 애써 진정시키며 자신의 차례가 돌아오길 기다렸어요.

"이마루!"

선생님이 마루의 이름을 부르자 마루는 깜짝 놀라 벌떡 일어났어요. 그리고 선생님에게 다가가 공손히 두 손을 내밀었지요. 선생님은 마루에게 시험지를 건네주며 알 듯 말 듯 오묘한 미소를 지으셨어요.

마루는 자리로 돌아와 조심스럽게 시험 점수를 확인하고 깜짝 놀랐어요.

"으악, 이게 뭐야! 말도 안 돼!"

하루와 마루는 경수의 손에 들린 시험지를 보고 깜짝 놀라 시험지를 빼앗으려 했어요. 하지만 경수는 날렵하게 쌍둥이의 손길을 요리조리 피했어요.

알고 보니 별것 아니네!

하루와 마루는 동그라미가 가득한 경수의 시험지를 보고 입을 떡 벌렸어요. 그리고 경수가 어떻게 한 문제도 틀리지 않았는지 궁금했지요.

어차피 이렇게 된 거 경수한테 물어봐야겠다!

에헴! 그렇게 놀란 눈으로 볼 거 없다고!

이번 기회에 제대로 공부해서 꼭 이기는 거야!

뭐, 뭐야! 왜 그러냐고….

경수야! 나 좀 가르쳐 줘!

내가 먼저 얘기했거든?

덥석

아냐! 경수는 나랑 더 친해!

　경수는 하루와 마루에게 붙잡혀 이리저리 휘청거렸어요. 어느새 머리까지 어지러울 지경이었지요.
　"그마안!"
　경수가 크게 소리치자 하루와 마루는 깜짝 놀라 행동을 멈췄어요. 경수는 잠시 숨을 고른 뒤, 하루와 마루를 향해 말했어요.
　"일단 운동장으로 따라오라고!"
　"운동장?"

"운동장엔 왜?"

경수는 마루의 말에 대꾸도 없이 교실 밖으로 나섰어요. 경수가 복도 끝으로 성큼성큼 멀어지자 하루와 마루는 깜짝 놀라 재빨리 경수를 쫓아갔어요.

"어어, 경수야! 같이 가!"

경수는 돌멩이 2개를 운동장 위에 내려놓았어요. 하루와 마루는 여전히 경수가 무얼 하나 싶어 의아하기만 했지요. 이때, 경수가 하루와 마루를 향해 크게 말했어요.

"자! 이 돌멩이 2개를 점이라고 생각해보라고!"

"점?"

"그래, 점! 이 점 2개를 선으로 이으면 어떻게 되겠냐고!"

마루는 아무래도 경수가 이상한 것 같다며 하루의 귀에 속삭였어요. 하지만 경수의 말을 곰곰이 생각하던 하루는 경수의 의도를 알아차렸어요.

"어라? 이건 선분이잖아!"

하루는 손가락으로 두 돌멩이 사이에 선을 그었어요. 그제야 마루도 크게 소리 쳤어요.

"맞아! 선생님이 점과 점 사이를 곧게 이어야 선분이 된다고 했어!"

마루가 크게 소리치자 경수가 손뼉을 짝! 맞부딪치며 대답했어요.

"맞았다고!"

"아하! 선분은 점과 점을 '곧게' 이은 선이구나."

마루는 이제야 이해가 된다는 듯 크게 소리치며 웃었어요. 그런데 하루는 여전히 심각한 표정으로 시험지를 들여다보고 있었어요.

"그럼 2번은 대체 왜 틀린 거야? 반직선은 이 그림이 확실한데…."

"그림만 보지 말고 반직선의 특징을 생각해보라고!"

경수의 말에 하루는 한참이나 머뭇거리다 조심스레 말했어요.

"반직선의 특징이 뭐였더라? 사실… 난 그냥 이 그림을 외워버렸거든, 헤헤! 그런데 안 본 그림이 잔뜩 나와서 너무 헷갈렸어!"

그제야 경수는 하루가 문제를 왜 틀렸는지 알겠다는 듯 고개를 끄덕였어요.

"에헴! 수학 공부라도 기본적인 특징을 외워야 문제를 잘 풀 수 있다고. 반직선은 한 점에서 한쪽으로 끝없이 늘인 곧은 선이라고."

하루와 마루는 귀를 쫑긋 세우고 경수의 설명에 집중했어요.

"한쪽이라는 게 꼭 왼쪽에서 오른쪽일 필요는 없다고! 왼쪽에서 오른쪽! 오른쪽에서 왼쪽! 위에서 아래! 한쪽에서 다른 한쪽으로 향하고 있는 곧은 선이라면 모두 반직선이라고!"

"아하! 그럼 2번, 3번… 4번까지! 모두 정답이었구나!"

하루의 말에 경수는 크게 고개를 끄덕였어요.

경수의 말에 하루는 깜짝 놀라 소리쳤어요.

"뭐? 세모에 다른 이름이 있었단 말이야?"

"세모는 삼각형, 네모는 사각형, 동그라미는 원이라고도 부른다고."

경수의 자세한 설명에 마루는 의기양양하게 고개를 끄덕였어요. 하루가 슬며시 마루의 눈치를 살피며 말했어요.

"나 모르는 새 언제 그런 이름을 지었대? 그러니까 세모가 삼각형, 네모가 사각형, 동그라미가 원이란 말이지? 끄응, 좀 헷갈리는걸."

그런데 이때, 마루가 하루의 얼굴에 손가락을 불쑥 뻗으며 말했어요.

"오늘의 대결은 비록 무승부로 끝났지만, 다음번에 이하루! 꼭 널 이기고 말겠다!"

마루의 선전포고에 하루도 질 수 없다는 듯 크게 소리쳤어요.

"누가 할 소리! 다음번에야말로 네 콧대를 꼭 꺾어 주겠어!"

경쟁심에 불타는 하루와 마루를 보며 경수는 고개를 저었어요.

"아무튼 못 말리는 쌍둥이라고."

삼각형, 사각형? 뭐가 맞지?

주말 오후, 엄마가 하루와 마루를 부르셨어요.

"얘들아! 빵집에서 샌드위치 사 올래? 저번처럼 싸우지 않게 딱 반으로 잘라달라고 해! 알았지?"

"네!"

하루와 마루는 샌드위치를 살 돈을 받자마자 문밖으로 튀어나갔어요. 그리고 누가 먼저랄 것도 없이 달리기 시합을 시작했지요.

"이번에 내가 이겨 주지!"

하루가 마루를 앞지르자 마루도 질 수 없다는 듯 속도를 높였어요.

"그렇게는 안 될걸?"

이 모습을 베란다에서 내려다보던 엄마는 크게 소리쳤어요.

"차 조심하고! 또 서로 경주하다가 넘어지지 말고!"

그러나 하루와 마루는 달리기 시합을 하느라 정신이 팔려 엄마의 말소리를 듣지 못했어요.

"저 경쟁심 강한 쌍둥이를 어쩌면 좋담!"

"내가 먼저 도착할 거야!"

"웃기지 마! 다른 건 몰라도 달리기는 내가 한 수 위라고!"

하루와 마루는 앞서거니 뒤서거니 하며 빵집을 향해 정신없이 달렸어요.

딸랑! 하루와 마루가 종소리를 울리며 빵집 문으로 들어서자 새하얀 앞치마를 두른 주인아저씨가 반갑게 인사를 했어요.

"어? 쌍둥이 왔구나!"

"얘들아! 샌드위치는 잘 사 왔니?"

엄마는 반가운 목소리로 하루와 마루를 맞아 주셨어요. 하지만 하루와 마루를 둘러싼 공기는 차갑기만 했지요.

"혹시 또 싸운 거니?"

엄마가 조심스럽게 묻자 하루와 마루는 화가 난 목소리로 대답했어요.

"하루 때문에 샌드위치를 못 잘랐어요! 전 삼각형으로 잘라야 딱 반이 된다고 했는데, 하루가 사각형으로 잘라야 한다고 우기잖아요!"

"엄마! 엄마가 대답해 주세요. 제가 맞아요? 마루 말이 맞아요?"

변이 3개면 3각형!

하루는 민망한 듯 헤헤 웃으며 머리를 긁적였어요. 마루는 어깨를 으쓱거리며 하루에게 큰소리를 쳤지요.

"거 봐! 내 말이 맞았지?"

"하루가 삼각형과 사각형의 이름이 헷갈렸던 모양이구나!"

엄마의 말에 하루는 고개를 끄덕이며 작게 말했어요.

"네, 이름이 너무 비슷해서 헷갈렸어요. 또 잊어버리지 않게 지금 외워둬야겠다! 근데 삼각형으로 잘라야 한다고 했나? 아니, 사각형이었나?"

하루는 눈을 동그랗게 뜨고 엄마에게 물었어요.

"삼각형, 사각형에는 무슨 뜻이 담겨 있는데요?"

"너희, 학교에서 선분은 배운 적이 있지?"

엄마의 질문에 마루는 잽싸게 말했어요.

"물론이죠! 선분은 점과 점 사이를 이은 선! 아차차, 곧게 이은 선!"

엄마는 대견하다는 듯 마루의 머리를 쓰다듬었어요.

"우리 마루가 아주 열심히 공부했구나! 삼각형과 사각형 안에도 선분이 숨어 있단다! 각각 몇 개의 선분이 숨어 있는지 찾아볼래?"

하루와 마루는 손가락으로 삼각형을 그려보며 삼각형을 이룬 선분이 몇 개인가 곰곰이 생각했어요.

"하나, 둘, 셋…! 삼각형은 3개요!"

"사각형은 4개예요!"

하루와 마루의 대답에 엄마는 빙긋 웃으며 말했어요.

"'삼'각형은 3개! '사'각형은 4개! 뭔가 규칙이 있는 것 같지 않니?"

엄마의 말에 잠시 생각에 빠져 있던 하루는 뭔가 깨달은 듯 눈빛을 반짝였어요.

"어라? 선분이 3개면 '3'각형, 선분이 4개면 '4'각형. 맞죠?"

"우리 하루, 아주 똘똘한걸? 지금 하루가 말한 대로 삼각형은 선분이 3개라 '3'각형, 선분이 4개라 '4'각형이라고 생각하면 쉬울 거야!"

새로 알게 된 사실에 하루와 마루는 신이 났어요.

"정말 재밌는 규칙인걸? 선분이 3개라 3각형!"

"4개라 4각형!"

하루와 마루는 엄마가 잘라준 샌드위치를 접시에 하나씩 나누어 받았어요. 삼각형 모양의 샌드위치를 바라보던 하루는 생각에 잠겼어요.

'2개가 똑 닮은 게 우리 같은걸?'

하루는 마루를 향해 말했어요.

"그런데 있잖아, 이 샌드위치 말이야!"

"꼭 우리 같지?"

하루는 자신이 생각한 내용을 마루가 말하자 깜짝 놀랐어요.

"헉! 어떻게 알았어?"

"텔레파시라도 통했나? 쌍둥이는 서로 텔레파시가 통한다잖아!"

서로 마주 보며 크게 소리 내어 웃은 하루와 마루는 사이좋게 샌드위치를 크게 베어 물었어요.

이것도 저것도 모두 사각형!

"오늘은 특별한 숙제를 내줄 거예요. 우리 주변에 있는 물건들 속에서 삼각형, 사각형, 원 모양을 각각 찾아오는 거랍니다! 알았죠?"

선생님의 말에 친구들은 목소리를 높여 대답했어요.

"네에!"

집으로 가는 길, 하루는 이곳저곳을 두리번거렸어요.

"우리 주변에 다양한 도형들이 숨겨져 있단 말이지? 어디 보자."

이때, 하루의 눈에 교통 표지판이 들어왔어요. 하루는 교통 표지판이 서 있는 횡단보도 쪽으로 재빨리 달려갔어요.

"교통 표지판은 삼각형이네. 히히, 벌써 삼각형 1개 발견!"

하루는 공책에 '삼각형 : 교통 표지판' 이라고 써넣었어요.

그런데 이때, 하루의 뒤에서 갑자기 마루의 목소리가 들려왔어요.

"흐음! 교통 표지판."

"왜 또 날 따라 해!"

"넌 걸핏하면 내가 널 따라 했다고 오해하더라? 내가 더 먼저 발견했거든?"

마루는 하루를 향해 콧방귀를 흥! 뀌고 사라졌어요. 하루는 멀어지는 마루의 뒷모습을 보며 주먹을 불끈 쥐었어요.

"으으으, 마루가 따라 하기 전에 내가 빨리 찾아버려야지!"

하루는 공원, 놀이터, 집 안 곳곳을 뒤지며 도형을 찾아다녔어요. 그리고 삼각형과 원 모양을 찾고 집으로 돌아와 소파에 벌러덩 드러누웠지요.

마루의 말에 하루가 깜짝 놀라 대답했어요.

"앗, 정말? 사실 나도 아직 사각형은 다 못 찾았는데!"

하루와 마루는 지친 듯 바닥에 나란히 드러누웠어요. 이때, 마루가 뭔가 좋은 생각이 떠올랐다는 듯 눈빛을 반짝였어요.

"그래! 사각형은 같이 찾아서 똑같이 쓰는 거야! 어때?"

마루의 말에 하루는 흐흐흐 하고 웃었어요.

"이럴 때만 머리가 잘 돌아간다니까!"

"그냥 하는 건 재미없으니까 누가 먼저 2개를 찾나 시합하기!"

"좋아!"

마루의 눈치를 살피던 하루는 재빨리 달려가며 소리쳤어요.

"시~작!"

"어, 어? 반칙이야, 너!"

　하루와 마루는 서로 얼굴을 맞대고 기다란 자의 변과 꼭짓점이 몇 개인지 세기 시작했어요.
"하나, 둘, 셋, 넷!"
"변과 꼭짓점이 4개니까 사각형 맞네!"
그제야 하루는 자신만만한 듯 어깨를 폈어요.
"거 봐! 내 말이 맞지!"
"그럼 이것도 사각형인가?"
마루는 슬며시 등 뒤에서 액자를 꺼냈어요.
"어? 이건 안방에 걸려 있는 액자잖아!"
"나도 사실… 이걸 가져올까 하다가 헷갈려서 다른 걸 가져왔거든!"

사각형 찾기 시합의 승리는 하루보다 먼저 사각형을 찾은 마루에게 돌아갔어요.

"하하하하하!"

하루는 의기양양한 마루의 얼굴을 보며 마음속으로 생각했어요.

'아휴, 날 이겼으니 보나 마나 또 오빠라고 부르라고 하겠지? 으, 얄미워!'

그런데 어쩐 일인지 마루는 하루에게 아무 말도 없었어요. 하루는 슬며시 마루의 눈치를 살폈어요.

"오빠라고 부르라고 안 해?"

"흠, 찾기는 내가 먼저 찾았지만! 사각형에 대해 헷갈렸던 점을 네 덕분에 알게 됐으니까, 무승부로 해줄게!"

마루는 하루를 향해 빙긋 웃었어요. 하루는 기분 좋게 웃는 마루를 보며 어쩐지 마루가 조금 오빠답다고 생각했어요.

직각이 뭐야?

책상에 앉아 수학 공부를 하고 있던 하루는 책 속에서 이상한 모양을 발견했어요.

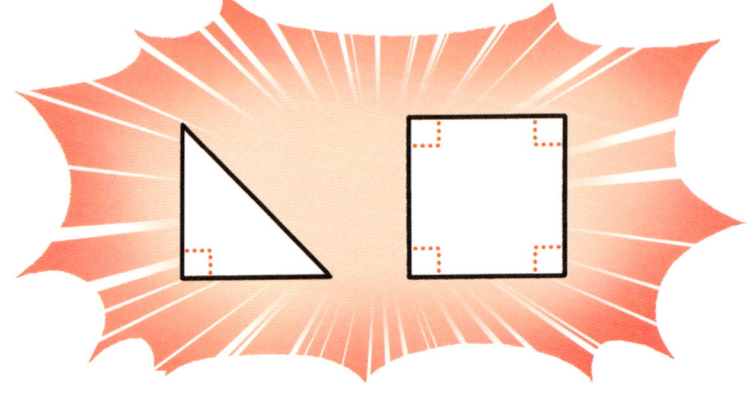

"어? 왜 여기에 이런 표시가 있지? 누가 낙서를 한 건가?"

하루는 혹시나 싶어 지우개로 책을 박박 문질러봤어요. 하지만 아무 소용이 없었어요.

"혹시 마루가 볼펜으로 낙서한 거 아니야?"

하루는 씩씩거리며 마루의 방으로 쳐들어갔어요. 하루가 쾅! 하고 방문을 열자 책상에 앉아있던 마루는 깜짝 놀랐어요.

"깜짝이야! 노크도 없이 들어오면 어떡해?"

"이마루! 너!"

씩씩거리는 하루의 모습에 마루는 자기도 모르게 긴장했어요.

"누가 내 문제집에 낙서하래!"

하루의 말에 마루는 고개를 끄덕이며 대답했어요.

"맞아! 그리고 직각이라는 걸 알리기 위해 직각 표시를 하는 거지! 그러니까 이건 내가 낙서를 한 게 아니야!"

하루는 괜히 마루를 의심했던 일이 미안해졌어요.

"앗, 오해해서 미안해!"

"뭐, 마음 넓은 내가 용서해 주지!"

하루와 마루는 삼각자를 이용해 집 안 곳곳에 숨어있는 직각을 찾았어요.

"난 노트, 책상, 텔레비전에서 직각을 찾았어!"

"난 액자, 책꽂이, 달력, 창문에서 직각을 찾았지롱. 내가 이겼네!"

마루가 어깨를 축 늘어뜨리며 실망하자 하루는 장난스러운 미소를 지으며 마루의 귀에 속삭였어요.

"이게 모두 오빠가 직각에 대해 잘 가르쳐준 덕분이야!"

"뭐, 오빠?"

"그래. 오빠!"

하루의 말에 마루는 기분 좋은 듯 크게 웃었어요.

"헤헤헤! 나도 이제 불리할 때 오빠라고 부르라고 하지 않을게!"

하루와 마루는 서로 닮은 얼굴을 바라보며 시원한 웃음을 터뜨렸어요.

하루, 마루와 함께 직각을 표시해요

빨간 점선을 따라 직각 표시를 그려 봐요!

직각을 가진 도형들이 모두 모였네!

직각삼각형(직삼각형)

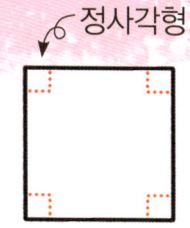
정사각형

직각사각형(직사각형)

삼각형 모양이 달라도 직각을 가지면 모두 모두 직각삼각형.

네 변의 길이가 모두 같은 정사각형. 그리고 직사각형도 모두 직각을 가진 도형이야!

이제 도형이라면 자신 있어!

"자, 오늘은 도형에 대한 문제를 OX 퀴즈로 풀어볼 거예요! 누구 먼저 해볼 사람 있나요?"

선생님의 말에 하루와 마루는 기다렸다는 듯 손을 번쩍 들었어요. 하루와 마루의 모습에 선생님과 친구들은 모두 깜짝 놀랐지요.

"수학 시간에 하루와 마루가 손을 들다니 신기한 일이네!"

자, 그럼 선생님의 질문에 맞는 답을 높이 들면 돼요!

첫 번째 문제! 선분은 2개의 점을 잇는 가장 짧은 거리이다!

오!

78

달라진 하루와 마루의 모습에 선생님과 친구들은 모두 깜짝 놀랐어요. 경수 역시 신기하다는 듯 하루와 마루를 보며 미소 지었지요.

"에헴, 오늘은 저번과 달리 호흡이 척척 잘 맞는다고!"

기특하다는 듯 하루와 마루를 바라보던 선생님은 친구들을 향해 말했어요.

"문제를 잘 맞춰준 하루와 마루에게 칭찬의 박수를 쳐줄까요?"

"네!"

어느새 교실 안은 하루와 마루를 향한 박수소리로 가득했어요.

"매일같이 싸우기만 하던 하루와 마루가 달라졌어!"

"역시 쌍둥이 아니랄까 봐 호흡이 척척 맞잖아!"

쏟아지는 박수를 받으며 하루와 마루는 서로 눈빛을 교환했어요.

"당연하지! 우리는 세상에서 마음이 제일 잘 통하는 쌍둥이니까!"

"이제 도형이라면 자신 있다고!"

하루와 마루는 서로 닮은 얼굴을 마주보며 기분 좋게 웃었어요. 그리고 서로 손을 내밀어 손바닥을 맞부딪쳤어요. 짝! 하루와 마루의 손에서 경쾌한 소리가 크게 울려 퍼졌어요.

초판 2쇄 2019년 5월 30일
초판 1쇄 2015년 8월 30일

글 정유리 | 그림 윤정임

펴낸이 정태선
펴낸곳 파란정원(자매사 책먹는아이) | **출판등록** 제395-2010-000070호
주소 서울시 서대문구 모래내로 464 2층(홍제동) | **전화** 02-6925-1628 | **팩스** 02-723-1629
제조국 대한민국 | **사용연령** 8세 이상 어린이
홈페이지 www.bluegarden.kr | **전자우편** eatingbooks@naver.com
종이 다올페이퍼 | **인쇄** 조일문화인쇄사 | **제본** 선명

ISBN 979-11-5868-045-9 73410

이 책은 저작권법에 따라 보호받는 저작물이므로 무단 전재와 무단 복제를 금지하며,
이 책 내용의 전부 또는 일부를 이용하려면 반드시 저작권자와 파란정원(자매사 책먹는아이)의 동의를 얻어야 합니다.
*잘못된 책은 구입하신 서점에서 바꿔 드립니다.